ESSAIS

SUR

L'ARITHMÉTIQUE

RELIGIEUSE,

MORALE ET POLITIQUE,

DES RÉVOLUTIONS.

ESSAIS

SUR

L'ARITHMÉTIQUE

RELIGIEUSE,

MORALE ET POLITIQUE,

PAR M. MESSANCE.

A PARIS,

De l'Imprimerie de Fonrouge et Compagnie, rue
Basse-du-Rempart-de-la-Madeleine, N°. 22.

1792.

vous deffendez votre cœur de la haine et des sentimens pénibles , vous verrez bientôt les roses succéder, et les lauriers ombrager votre auguste front que les inquiétudes et les douleurs menaçaient de sillonner dans votre printems , comme les noirs chagrins rident le front de la vieillesse.

Je suis avec respect ,

Monseigneur,

DE VOTRE ALTESSE ROYALE,

Le très - humble et très-obéissant Serviteur,

MESSANCE,

Auteur de l'Ouvrage intitulé : DU DOMAINE DE L'HOMME, actuellement sous presse.

ESQUISSE

DE L'ARITHMÉTIQUE

Religieuse, morale et politique.

Tout émane d'un, et tout est calcul. Tout est calcul, parce que tout est relatif, et tout est relatif parce qu'il n'y a point d'égalité. Cette vérité résulte de deux mots qui embrassent l'infinité des choses, en établissant d'un coté l'autorité, et la dépendance de l'autre. Ces deux mots sont *créateur, créature.*

Telle est la base de l'arithmétique universelle

Je ne me dissimule pas la difficulté de l'ouvrage que je viens de concevoir ; mais annullant ma volonté pour ne pas faire de système, j'écouterai passivement ce qui

A 3

sera présenté à ma méditation , et j'écrirai simplement ce qui m'aura été donné.

L'unité est tout. L'unité a tout fait, elle conserve tout , elle voit tout, elle est partout par son immensité. Et comment cela ne serait-il pas ! puisque l'architecte , sans bouger de sa place, promène son esprit, quand il lui plait, dans l'édifice qu'il a construit et dans le jardin qu'il a tracé; que l'horloger voit les mouvemens qu'il a renfermés dans une boîte que son œil ne saurait percer ; et que l'écrivain , dans le repos de son lit et en l'absence de toute lumière, parcourt les lignes du livre qu'il a composé.

Cette comparaison ne détruit pas la différence qu'il y a entre l'intelligence souveraine et incommensurab'e du créateur, et la portion d'intelligence qu'il a donnée à l'homme.

Le lien où réside l'unité, est nécessairement par sa présence, le séjour de la lumière, de la justice, de l'ordre, de la paix et du bonheur. C'est la patrie du bien, inaccessible au mal, le monde des réalités. Cette vérité est prouvée par un grand fait, l'existence de cette idée dans tous les esprits.

L'univers sensible, ce grand livre toujours ouvert pour les yeux qui savent y lire, est le champ de bataille du bien et du mal, ce pays lointain dont les illusions ayant séduit l'enfant prodigue, le déterminèrent à quitter la maison de son père ; mais ce qu'il avait cru bon et désirable n'étant que nudité, pauvreté et angoisses, il se ressouvint de ce qu'il avait perdu, et souhaita de le recouvrer ; son père vit sa misère et son repentir et il lui tendit les bras.

On voit, dans cet univers sensible, les corps primitifs conserver pour l'œil simple une immutabilité de formes, de vertus et de mouvemens, empreinte bien précieuse de la main qui les fit, lors même que cette immutabilité ne serait qu'apparente; car c'est peut être à cet exemple que l'homme doit l'idée de l'ordre et de l'éternité.

Mais le vaisseau qui nous porte dans l'espace, et l'athmophère qui l'enveloppe jusqu'à la hauteur des nuages, cette terre sur laquelle nous naissons, qui nous nourrit et nous sert de sépulture, est le théâtre de l'instabilité. C'est un tableau mouvant où les générations qui viennent, remplacent les générations qui passent. Cette succession de choses entretiendra les trois règnes jusqu'au tems marqué pour aller du monde des images, au monde des réalités.

Jusqu'alors les nuits succéderont aux jours, la lumière aux ténébres, le calme aux bourasques, les tempêtes à la sérénité, et les douces influences aux frimats, aux vents impétueux, aux éclairs et au tonnerre. Les volcans mineront la terre, et de leurs explosions naitront des montagnes que l'homme cultivera et sur lesquelles les animaux trouveront de la patu-

re. En un mot les élémens seront dans une
contraction perpétuelle.

Cette contraction a pour cause l'incompatibilité qui existe entre l'eau et le feu. Les
phisiciens prétendent que l'eau contient
du feu : je ne le conteste pas, et en supposant que cela soit vrai, je regarde ce fait
comme un des grands phénomènes du monde
phisique et un pronostic égal à ces paroles :
*un tems viendra où l'agneau se jouera
avec le loup, et l'enfant avec le basilic.*
Mais à cette époque, l'espace que l'univers sensible occupe, ne sera plus une séparation du grand tout, le monde des ora-
ges aura disparu : toutes les créatures auront été régénérées dans le creuset des ad-
versités, où les volontés individuelles auront trouvé la conviction, que le bonheur
réside dans la réunion de toutes les volontés à la volonté suprême ; ce sera le règne éternel de l'unité.

Le corps de l'homme étant matière, il
fait partie du monde phisique et il en su-

bit rigoureusement les lois. Mais dans ce corps mortel l'être spirituel de l'homme réside. Cet être pense, délibère et agit. La pensée, la délibération et l'action constituent le monde moral qui roule sur le pivôt de la faculté de pouvoir vouloir, ou ne vouloir pas faire telle action.

L'être pensant par soi ne délibére point, il agit incessamment. L'homme délibére ; il ne crée donc pas ses pensées ; elles lui viennent donc d'ailleurs.

Mais, d'où viennent les pensées que l'homme reçoit ? Cette question est résolue pour les chrétiens ; et l'opinion qu'il existe un bon principe et un principe mauvais, est généralement établie parmi les peuples.

Dans le monde phisique, il y a de bonnes et de mauvaises eaux, des plantes salutaires et des poisons, de bons et de mauvais fruits ; mais la même eau n'est pas tantôt bonne et tantôt mauvaise ; la même plante n'est pas tantôt salutaire et tantôt poison , et le même fruit n'est pas tantôt bon et tantôt mauvais. La diversité des tems et des saisons apporte des changemens ; mais ces changemens ne dénaturent pas la source , la plante et l'arbre qui a porté les fruits.

D'après cet exemple , l'homme qui a l'esprit juste , l'œil simple et le cœur droit , dira que les pensées qui donnent lieu à des actions profitables à celui qui les fait , et à ceux qui y participent , viennent du bon principe , et que les pensées dont les effets sont désastreux pour l'individu et la société , viennent du principe mauvais ; d'où la conséquence qu'il y a de bonnes pensées , et des pensées mauvaises. Quand l'homme adopte les premières , et qu'il y conforme sa conduite , il est heureux ; et lorsqu'il adopte les dernières et qu'il agit d'après elles , il est malheureux , et son bonheur et son malheur sont en rapport avec l'extension qu'il a donnée à ses actions.

Les monstres , ces êtres inexplicables exceptés , la masse des hommes aime le bien et hait le mal. L'homme est donc fait pour le bien et non pas pour le mal.

Admettre qu'il y a bien et mal, que le bien a sa source, et le mal la sienne, ce n'est pas marcher dans le sentier du doute. Ce sentier est la voie dans laquelle se sont égarés ces hommes orgueilleux qui se sont décorés du nom de philosophes.

La route du mensoge, des illusions, des phantômes, des spectres et du néant ne pouvait les conduire qu'au but de la nullité. Il n'est donc pas étonnant qu'ils aient fini par conclure qu'il n'y a ni bien ni mal, ce qui est dire qu'il n'existe rien. Le maréchal de Saxe a qualifié sa vie d'un beau rêve. Le grand Condé a déploré ses écarts et ses erreurs; il avait le sentiment de son ame, et la philosophie moderne avait peut-être éteint ce sentiment dans le vainqueur de Fontenoi.

Monde des réalités , monde des images , monde moral , je viens de les décrire.

Le monde moral existe dans l'homme ; le monde des images est l'univers sensible , le monde des réalités est par delà la circonférence dans laquelle l'homme et le mal sont renfermés. Cette circonférence est le creuset de l'adversité , où tout ce qui a été corrompu , doit se purifier.

A la vue des trois mondes ; des choses bien extraordinaires se présentent à mon esprit ; mon amour propre est désolé de voir que je suis déterminé à les écrire. Vous voulez donc , me dit-il , passer pour un visionnaire. Je lui réponds : ce n'est pas ce qui vous touche. L'amour propre et l'orgüeil sont sinonymes , et vous ne voudriez pas être démasqué : il porte ses mains sur son visage et va se cacher. Puisse-t-il s'endormir pour jamais ?

Je vais donc exciter la pitié et m'exposer au ridicule des incrédules , des esprits forts et peut être des gens qui se croient les plus raisonnables, en mettant sur la scène les chiffres arabes au lieu des personnages. Mais si, par cette méthode, je puis rendre sensibles pour quelques uns de mes semblables, des vérités inacessibles à nos sens, je serai bien dédommagé des pitoyabilités qu'on aura fait pleuvoir sur moi.

DE L'ORIGINE DU MAL,

ET DE SES SUITES.

Un fit 2, et **2** s'étant regardé, l'ingrat voyant les grandes perfections dont il avait été doué, devint orgueilleux; il conçut le mensonge, et se mentant à lui même, il se dit égal à 1, et le mal fut.

Le mal n'est autre chose que la créature révoltée contre son créateur : mais 1 étant inaccessible, toute entreprise contre lui est vaine. Bon par essence, il y a incompatibilité entre lui et le mal. 1 fit donc 3 pour emprisonner 2. ---- 4 fut établi sur la prison et sur le prisonnier. Ce dernier voulant se faire des complices, étala aux yeux du géolier toutes les illusions possibles : celui-ci se laissa prendre au piége, il prévariqua, et sa prévarication le fit tomber dans le cachot. La prison s'écroula , et les coupables furent ensevelis sous ses ruines.

Les élémens dont 3 était composé, se confondirent , et les prévaricateurs foulés et anéantis souffrirent des maux inexprimables dans cet abîme couvert de ténébres.

Mais quand les tems de la justice furent passés , la miséricorde vint au secours de 4 séduit, son état de néant fut changé en un état d'expiation. La parole créatrice ordonna aux éléments de 3 de reprendre leur place et de fournir une nouvelle action , et l'univers sensible actuellement existant sortit du cahos.

Il fut donné à 4. un corps paitri de la boüe qu'il devait habiter , et son ame fut rappellée à la vie par le souffle de son créateur

4 a des besoins corporels et spirituels , et pour les satisfaire , il faut prier et travailler

travailler : il doit rendre son corps à la terre d'où il s'élancera pour sortir de cette vie périssable. Le plongeur va au fonds de l'eau donner un coup de pied pour revenir à la surface.

Les enfans de 4 s'étant multipliés beaucoup, et le mal croissant avec leur nombre, ils provoquèrent la justice ; la terre qu'ils habitaient, fut submergée par les eaux, et tout ce qui avait vie périt dans le déluge, excepté le 4 Noé, sa famille et les animaux qu'il avait fait entrer dans son vaisseau. Les gens et les bêtes d'aprésent sont les descendans de ce résidu de la première génération.

La seconde génération devenue trop nombreuse pour habiter ensemble, elle résolut de s'étendre sur la surface de la terre ; mais avant d'opérer cette fameuse séparation, elle voulut construire un monument qui fût, comme un fanal, un point de reconnaissance de tous les lieux d'où il serait apperçu : on employa

B

la brique et le bitume. On voulait aller
à la plus grande élévation possible ; mais
arrivé à une certaine hauteur, on fut ar-
rêté par un évènement qui dut bien éton-
ner. Les ouvriers ne s'entendirent plus, la
langue primitive fut perdue, et divers jar-
gons en prirent la place,

Le déluge et la confusion des langues
sont deux faits dont il reste des vestiges
si frappans, qu'il faut être de mauvaise
foi pour les nier. Ce sont les deux révolutions générales de notre globe : mais qui
pourrait nombrer et suivre les révolutions
locales et particulières aux différentes
hordes, aux peuples, aux nations, aux
villes, aux provinces, aux états, aux royau-
mes et aux empires qui ont paru et disparu de dessus cette terre! L'œil du grand
dominateur peut seul embrasser ce vaste
tableau des instabilités de la nature créée,
et de l'espèce humaine. Les bibliothèques
et les galeries des tableaux réunis, lors
même qu'il ne s'en serait pas perdu, ne pré

senteraient qu'une collection et des lambeaux imparfaits des évènemens que le soleil, la lune et les étoiles ont éclairés dépuis l'origine du monde des images.

2 et ses complices tournent sans repos dans le labyrinthe que le génie de leur malice compose de chemins tortueux pour atteindre l'unité, détruire sa puissance, et s'asseoir sur son trône : pensées folles, efforts vains, pierre philosophale introuvable, laquelle cependant ils poursuivront jusqu'à ce qu'ils ayent épuisé toutes les ressources de leur imagination déréglée. Ces malheureux se sont condamnés à passer par toutes les filières possibles du mal ; et c'est dans ce travail horriblement penible, parce qu'il est nul, que le père du mensonge tend ses filets aux amis de la vérité. Les fils de ces filets sont toutes les nuances du mal avec lesquelles la toile du tems est tissue : il n'est donc pas surprenant que le temps ne présente qu'horreurs, crimes et forfaits.

Le tems n'aura de bornes que la durée de la persévérance du 2 dans ses desseins diaboliques ; mais qu'est-ce que le tems le plus long aux yeux de celui pour qui des millions de siècles sont comme une seconde ?

Eviter les piéges du tentateur, en restant fidèle à l'unité, c'est à quoi se réduit l'arithmétique religieuse, morale et politique de l'homme.

Je ne ferai point de division, parce que la religion, la morale et la politique sont fondées sur des vérités qui se donnent la main, et qui doivent marcher de front. Les isoler, serait atténuer leurs forces et obscurcir la lumière de leur flambeau.

Qu'était l'homme dans son origine ? L'image de son créateur.

Qu'est il à présent ? Une créature dégradée qui n'a que des besoins à satisfaire, et des devoirs à remplir.

D'où est-il venu ? Du monde des réalités

(21)

Où est-il ? Dans le monde des images.
Où va-t il ? Dans le tombeau. Et de la ?
Sa régénération opérée, il retournera dans
sa patrie.

Que faut-il entendre par la dégrada-
tion de l'homme ? Qu'il a abandonné la
cause du bien, pour faire société avec le
mal ; qu'a cette compagnie, de bon de
juste et de fidele qu'il était, il est de-
venu méchant, injuste et rebelle.

Quel changement cette révolution a-t-
elle opérée dans la manière d'être de
l'homme ? Dans l'état d'immortalité, il
jouissait de la paix et du bonheur insé-
parables du séjour du bien, il ne con-
naissait de pénible que le sentiment qui
affecte les créatures depuis l'origine du
mal. Aujourd'hui, esclave de son séduc-
teur, en prison dans une maison de boue,
à sa naissance foible et languissant, ses
premiers accens sont des cris, des soupirs
et des pleurs. Incapable de fournir à ses
besoins, son enfance se passe dans une

dépendance absolue de ceux qui l'entourent. Dans sa jeunesse, assailli par les passions violentes de ses sens qui lui livrent des combats d'autant plus dangereux, que sous la figure séduisante des plaisirs, ils ne lui présentent que la coupe des poisons qui portent dans sa frêle machine les levains de toutes les maladies. Dans l'âge mûr, l'ambition, l'avarice, la jalousie et les soucis ne lui laissent aucun repos; et dans la vieillesse, la caducité, les infirmités, les noirs chagrins, les regrets et les remords s'attachent à lui et le suivent dans le tombeau; mais s'il y descend criminel, une nouvelle carrière de désolations et de malheurs s'ouvrira devant lui.

L'épouvante que porte dans tous les esprits l'idée des châtimens qui attendent les pervers, après leur mort, a suggéré à l'ennemi de l'homme la pensée du néant. Cette pensée a donné lieu au matérialisme, à l'athéisme et à tous les mensonges que l'on oppose à l'immortalité de l'ame et à cette vérité simple , que l'impureté ne peut avoir de cohabitation, ni de voisinage avec la sainteté.

Mortels! vous avez sous les yeux dans cet univers sensible , et dans vous mêmes , des preuves multipliées de cette incompatibilité, et vous seriez impardonnables de vous laisser prendre à ce piége grossier. La mer rejette de son sein tout ce qui est infect ; les feuilles et les branches mortes se séparent de l'arbre verd ; le feu épure tout ; la terre, comme un creuset épuratoire, absorbe et détruit toute putréfaction : et pendant que votre corps reçoit des sucs vivifians , les os brisés s'exfolient , les plaies se cicatrisent, le sang et les humeurs s'épurent par les sécrétions et les transpirations ; les nerfs conservent leurs vibrations , et les solides leur flexibilité et leur élasticité.

La sobriété , la tempérance , la patience, la résignation, le travail et le désintéressement sont des moyens à l'usage de l'homme pour donner la santé à son corps. C'est un état d'aise et de liberté.

Mais, si aulieu de satisfaire simplement ses besoins, il écoute des appétits désordonnés, et qu'il se livre aux excès, à la débauche, à l'oisiveté, à l'impatience, à la colère, à l'ambition et à l'avarice, les maladies pleuvront sur lui. C'est un état de souffrance, de désordres et d'esclavage.

Les vertus conservatrices du corps tiennent l'ame en paix.

Les vices destructeurs du corps portent le trouble dans l'ame.

C'est ainsi que l'on peut voir clairement, d'abord les influences du moral sur le phisique, et ensuite les reflets du phisique sur le moral.

Quand les influences sont bonnes, les reflets sont des actions de grace; la paix est dans la maison: et lorsque les influences sont mauvaises, les reflets sont des reproches amers. Il y a guerre intestine.

L'homme passe sa vie à alterner entre ces deux états.

Une indigestion lui fait prendre la résolution d'être sobre : mais l'appétit revenu, il n'a pas la sagesse de s'arrêter où le besoin finit. L'art du cuisinier le séduit, et il tombe dans la gloutonnerie.

Il appelle jouissance et plaisirs, ce qui n'est que satisfaire des besoins. Son imagination s'enflâme, et en prolongeant ses illusions, il énerve son corps, abrutit son ame. La satiété, les dégouts, et l'ennui viennent. Cependant les desirs se renouvellent ; mais les moyens de les satisfaire manquent. Abus des sens, volonté déréglée, tels sont vos funestes effets !

Sybarites et efféminés de tous les tems, et de tous les pays, reconnoissez vous à ces traits. L'agriculture, la pêche, la chasse, les manufactures, le commerce, les arts et les métiers, la guerre et la marine sont au dessus de vos débiles mains : incapables de supporter les fatigues des siéges et des campagnes, dans les batailles hardis comme des lions , vous vous laissez tuer comme des mouches , semblables aux éclairs de l'été qui dissolvent les nuées sans explosion quelconque.

Être inconcevable ! ô homme , qui que tu sois ! comment peux-tu être à la fois aimant et haineux ; courageux et lâche, magnanime et traître , libéral et avare, juste et injuste ? il est pourtant vrai que dans l'amour, dans le courage, dans la magnanimité , dans la libéralité et la justice, tu trouves la paix et le bonheur ; et que dans l'exercice des vices opposés à ces vertus, tu es dans le trouble et dans le patiment. C'est le problème de toi-même , que je te propose de résoudre. Examine après, si tu le juges à propos, pourquoi tu nies les peines éternelles, lorsque tu jures, dans le même moment à celui dont tu es l'ennemi, une haine implacable ?

Contradiction est donc la définition de l'homme.

En effet la contradiction est particulère à l'homme. Lui seul la manifeste dans cet univers sensible ; et cette distinction l'isole des autres créatures qui suivent constamment la loi de leur nature.

La contradiction caractérise donc l'espèce humaine : mais être toujours en opposition avec soi et avec les autres, n'est point un état naturel ni soutenable, l'homme n'est donc pas à sa place, il est donc, ici bas, étranger et voyageur.

Qui sont les guides de l'homme dans cette terre étrangère et dans ce voyage mistérieux ? Les bonnes et mauvaises pensées qu'il reçoit. Elles lui viennent de deux sources différentes ; il y a donc une communication ouverte de ces deux sources à l'homme. Chaque homme est donc un réservoir de pensées. Les signes, les gestes, la pantomine, la parole et l'écriture sont les canaux par lesquels la communication s'établit entre tous les réservoirs. Les hommes sont donc naturellement con-

seils et conducteurs les uns des autres. C'est
en effet le lien indissoluble de leur société.

Mais si tous les hommes voulaient passer leur vie à donner des conseils, il y
aurait bagarre, confusion, et engorgement
partout, et personne ne ferait son chemin ;
c'est ce qui nous arrive, quand les pensées
mauvaises dominent. Alors les enfans veulent conduire les pères ; et les peuples, leurs
chefs et leurs rois. L'expérience a démon-
tré que ce désordre qu'on appelle anarchie, exclut tout bien particulier et opère
un mal général, des désolations et des
malheurs universels. C'est le tems des horreurs, des crimes et des forfaits : les noir-
ceurs et le deuil couvrent l'humanité. Mais
lorsque les bonnes pensées sont suivies, toutes les autorités sont reconnues et respectées
de ceux qui doivent écouter, se laisser conduire et obéir, et lorsque leur tour de com-
mander est venu, ils recueillent les fruits des
bons exemples qu'ils ont donnés ; l'harmonie règne dans toutes les parties, et le
bonheur des individus compose le bonheur

général. Tout fleurit, tout prospère, les fleurs et les fruits de la félicité sont sentis et goutés avec les transports de l'allégresse et de la joie. Ce sont les beaux jours de la terre. Ces beaux jours n'existent que pour l'homme de bien. Le ciel est toujours nébuleux pour le méchant. A ce propos, je me souviens d'un homme extraordinaire qui voulait me persuader qu'un beau soleil et un horison sans nuages étaient un supplice pour lui. Détournez-vous, mes yeux, de la loi de l'analogie, pour ne pas voir l'état déplorable de cet homme.

La masse des hommes compose l'universalité du monde moral, et chacun d'eux en est un *alicote*. Ce monde a ses calmes et ses tempêtes, ses jours sereins et ses jours nébuleux, comme le monde phisique. Les individus et les points de l'espace éprouvent alternativement le beau et le mauvais tems, les saisons propices et les momens désastreux : l'uniformité générale n'a jamais existé la durée d'un clin d'œil ;

Cependant, malgré cette confusion apparente, il est certain que tout marche vers le but que s'est proposé l'éternel.

Le monde moral est dans le monde phisique, et ils sont tous deux dans le tems qui les conduira à leur maturité, comme il mûrit les productions instantanées des trois règnes; et lorsque la maturité du monde moral et du monde phisique sera parfaite, le tems finira et un autre ordre de choses se manifestera.

Il y a des influences du monde moral sur le monde phisique, et des reflets du monde phisique sur le monde moral, comme il y a des influences du moral de l'homme sur son phisique, et des reflets de ce phisique au moral; et l'addition de ces influences et de ces reflets individuels compose la masse des influences et des reflets qui ont lieu dans le monde moral et dans le monde phisique, et cela est rigoureusement vrai pour toutes les opérations où le concours de l'homme est nécessaire.

(31)

L'influence du soleil sur la nature est de l'éclairer, de l'échauffer et de la réactionner; et le reflet de la nature est de manifester par une grande action tous les germes par leur développement, leur croissance, leurs fleurs, leurs fruits et leur maturité. Mais d'où viennent tant de richesses inépuisables ? De la sève, cet aliment des alimens mis en action par le soleil.

Mais si l'homme ne préparait pas la terre par une bonne culture et des engrais, s'il ne semait pas de bons grains, s'il ne pratiquait pas le greffe et la taille de l'arbre, la terre ne lui présenterait que de mauvaises herbes, des fruits âpres et amers, des ronces et des épines, et la stérilité serait le résultat de la terre abandonnée à elle-même.

La bonne morale fait le bon cultivateur: la force et la santé lui sont données selon la mesure de ses exercices et de sa tempérance; il est capable de travail il en cueille les fruits. S'il est sensible et reconnaissant, son créateur le regarde avec complaisance, et il remplit sa maison de toutes les choses nécessaires à son existence.

Les bonnes semences et la bonne culture sont au phisique, ce que les bonnes pensées et les bonnes actions sont au moral. Les semences et la terre ont été données à l'homme ; mais la culture et les soins sont à lui, et c'est par eux qu'il obtient d'abondantes récoltes.

Même raisonnement sur les semences pernicieuses, sur la négligence de l'homme qui les laisse croitre et multiplier, sur les pensées mauvaises et sur les mauvaises actions. On aura le parallèle du bien et du mal phisique et moral

Mais si l'homme rejette les bonnes semences et les bonnes pensées, son champ se couvrira de poisons, d'herbes malfaisantes, et son ame sera submergée par les vices. Il n'aurait point de bonne nourriture, son corps se dissoudrait dans les souffrances,

frances, et son ame immortelle ne voyant point de fin à ses tourmens, existerait à jamais dans l'affreux désespoir.

L'homme ne sème point les poisons , les plantes parasytes, ni l'ivroie ; il cherche au contraire à les détruire , et cependant il y en a toujours. La raison répugnerait elle à croire que ces plantes doivent leur existence aux influences de la nuit ? On admet bien que les mauvaises actions sont des œuvres de ténèbres.

Maitre, n'aviez vous pas semé du bon grain ? Oui. Pourquoi donc votre champ est il plein d'ivroie ? Mon ennemi l'a semée pendant la nuit.

Quand il n'y a point d'épidémie immorale, que la raison humaine n'est pas généralement obscurcie ; que le bon , le vrai et le juste ont de nombreux partisans et que les amis de l'ordre ne sont ni pusillanimes, ni timides , ni épouvantés , les hommes vicieux se cachent sous le manteau de l'hypocrisie pendant le jour , et

ne se mettent en campagne , que la nuit ;
et s'il y a des vols , des incendies , et des
assassinats , ce sont des crimes particuliers.
On peut compter les délits , connaitre les
coupables et les victimes ; et le glaive de la
justice débarrasser la société , des monstres qui la troublent et qui l'outragent.

Mais si la majorité d'une nation oublie
ses intérêts et ses devoirs pour suivre l'im-
pulsion que lui donnent des factieux et
des pervers , la multitude scélératesse se
fait juge et bourreau ; elle marche à pas de
géant pour combler la mesure des crimes
en couvrant la terre de cendres , de sang
et de dévastation. Dans sa fureur , elle
érige les vices en vertus , et les vertus en
vices ; elle égorge sans pitié tous ceux qui
ne partagent point ses forfaits , et lorsqu'elle ne voit plus de victimes à immo-
ler , comme la soif du sang est plus ar-
dente que celle de l'hydropique , les scé-
lérats finissent par s'entretuer , et tom-
bant les uns sur les autres , ce ne sera

bientôt qu'un monceau de cadavres hideux, un foyer de putréfaction qui exalera la peste et portera la mort dans tous les païs où les vents la dirigeront.

Ceux qui survivent à ces calamités, à ces tems d'horreurs, ont bien des dégats à réparer. Ce travail est audessus ou audessous de leurs forces selon leur nombre et l'extension du mal. Pendant ces travaux pénibles, mais nécessaires pour faire cesser la famine et sortir de la misére, ils raconteront à leurs enfans et à leurs petits enfans, les causes, les circonstances et les détails des malheurs dont-ils furent les témoins et les victimes ; ils diront : notre patrie prospérait et était heureuse avant la révolution qui l'a mise en l'état où nous la voyons, son influence sur les grands intérêts des nations était aussi grande, qu'elle inspire aujourd'hui de pitié et de mépris.

Cette prospérité et cette gloire existe-raient encore, si le peuple fut resté fidéle à son Dieu et a son roi; mais au lieu de suivre les conseils et les exemples des gens de bien , il a écouté la voix perfide des factieux, des monstres qui ne paraissent sur la face de la terre que pour la bouleverser.

Ces factieux ont profité des fausses démarches du gouvernement , pour émouvoir la multitude, ils ont enseigné l'irréligion, le régicide , le vol , le meurtre et l'incendie comme les plus saints des devoirs; et nos malheureux pères ont agi d'après cette infernale doctrine.

Un déficit dans les finances donna lieu aux fautes du gouvernement, et ces fautes furent le prétexte de la révolte. Le peuple abandonna ses atteliers, sortit de ses maisons, prit les armes, et attirant sur lui tous les fléaux, il a consommé sa ruine. Le déficit était de 5o millions de rente; pour éteindre cette éteincelle qui a tout consommé , un milliard en Capital suffisait.

Ce milliard n'était peut-être pas alors la

centiéme partie de la valeur numérique
du territoire de l'empire. Un centiéme
denier exigé des propriétaires en les auto-
tisant à retenir le centième denier sur leurs
dettes hypothéquaires , était une simple
opération indiquée par ce besoin , et pour
alléger cette contribution, il s'agissait de la
diviser en plus ou en moins d'années, sui-
vant que les économies praticables sans
nuire à la chose publique , auraient pû
fournir au payement des intérêts occasion-
nés par les délais.

Mais, dans ce monde des vicissitudes ,
l'aveuglement est si grand, que le gouvernement et les particuliers ne voient pas
toujours ce qu'il faudrait faire pour éviter
leur chûte. Les fautes ont beau s'accumu-
ler, l'expérience sert à peu de chose, chaque génération a ses vices et ses vertus ;
l'espéce humaine ne cessera de faire des
écoles, que lorsqu'elle les aura toutes épui-
sées. Les écoles d'un seul ne sont pas sans
remède , parce qu'il n'y a dans ce cas ,

qu'un amour propre à vaincre ; mais les
écoles d'une grande assemblée sont irré-
parables , c'est le propre des écoles col-
lectives , et si le mal pouvait se consolider,
la perte, sans ressource, du genre humain aurait été l'ouvrage des erreurs de
la première assemblée politique : mais les
traces du mal sont si hideuses, et, quand
il règne , les hommes sont si tourmentés,
qu'ils désirent de sortir de cette situation
insuportable ; et le désir de tous de re-
tourner au bien , est un accord parfait
qui produit toujours un heureux effet.
Mais les dissonances ne tardent pas à revenir, et c'est ainsi que les pauvres hu-
mains seront ballotés par leurs volontés
déréglées et le faux usage de leur raison ,
jusqu'à la consommation des siécles.

Cette volonté déréglée et ce faux usage de la raison de l'homme, auront lieu
pendant que durera sa cohabitation avec
le mal. Cette cohabitation est la cause
de ses fautes , de ses inconséquences et
de ses vices : en butte aux traits de son

ennemi, il passe sa vie, dans une guerre perpétuelle, à garder les avenues de son cœur, de son ame et de son esprit, contre les mauvaises pensées qui se pressent pour y entrer.

Heureux, s'il haït toujours le mal qu'il fait trop souvent, et s'il aime jusqu'à la fin le bien qu'il ne fait que rarement, s'il refuse son consentement aux mauvaises actions qui lui sont suggérées; s'il se relève toutes les fois qu'il sera terrassé, si enfin, vaincu, il n'est jamais dompté : je veux dire qu'au pouvoir de son ennemi, comme un prisonnier de guerre, il dédaigne les caresses et brave les tourmens pour rester fidèle à son maitre. Cette victoire remportée dans les fers et sous les chaines de l'esclavage, est le sceau de la vraie vertu, qui assure le triomphe au vainqueur à son retour dans sa patrie.

La marche corporelle de l'homme n'est pas moins embarassée que sa marche spirituelle.

Si les élémens , les animaux et ses semblables lui sont utiles , ils lui opposent des obstacles et lui présentent des dangers.

La terre est son plancher , mais elle peut s'enfoncer sous ses pieds ; l'eau porte son vaisseau ; mais elle peut l'engloutir ; le feu l'éclaire et l'échauffe , mais il peut l'aveugler et le bruler ; l'air fait jouer ses poumons et le conserve ; mais il porte les miasmes de toutes les maladies.

Le chien le garde , mais il peut lui communiquer la rage ; les bêtes féroces lui fournissent des peaux et des fourures , mais elles peuvent le dévorer : il trouve dans ses semblables , des amis et des soutiens , des voleurs et des assassins.

Dans ses voyages , après la plaine vient la monticule , le côteau , la montagne , le vallon , le précipice , les abîmes , les torrens , les ruisseaux , les rivières , les fleuves , les volcans et les fondrières.

L'eau soutient le fêtre qui la couvre , elle s'est écoulée , le fêtre tombe , il a fermé l'orifice par lequel l'eau s'en allait, et c'est maintenant un lac sur lequel le pêcheur promène ses filets pour prendre des poissons : les tremblemens de terre, le débordement des eaux, les incendies, la foudre, les ouragans, les tempêtes et les calmes, les écueils de la navigation, la chûte des corps, et les poisons qui se mê'ent avec sa nourriture, tout menace son existence, et tout prepare et amène sa destruction.

L'homme connait le lieu et le tems de sa naissance, mais il ignore celui de sa sépulture ; et l'intervalle de son premier jour à son dernier moment est rempli par des besoins et des douleurs.

L'objet de l'arithmétique religieuse, morale et phisique est de venir au secours de l'homme pour l'aider à satisfaire ses besoins et soulager ses douleurs.

L'arithmétique dont il s'agit, est aux actions de l'homme, ce que la boussole est à ses voyages et à sa navigation ; et comme la boussole a ses déviations, il y a des erreurs en arithmétique. Ces déviations n'auraient pas lieu, si l'éguille aimantée ne se laissait pas entrainer par des causes quelconques, à droite et à gauche de la direction du Nord ; et les erreurs en arith‑métique n'existeraient pas, si l'attention et l'intelligence du calculateur n'etaient jamais en défaut.

On doit aux déviations quelques décou‑vertes, et aux erreurs, des résultats que l'on ne cherchait pas. Les observations sur les déviations servent au pilote à rectifier sa marche, et le calculateur revient à la vérité, quand il a reconnu son erreur. La recherche de la pierre philosophale est une grande déviation de l'esprit humain, qui a fait errer tous ceux qui s'y sont livrés ; mais nous lui devons la chimie.

Prolonger ses jours dans une parfaite santé, être toujours le doyen du genre humain, sans connaître la vieillesse, et posséder un trésor de richesses inépuisables

portable partout avec soi, telle est la chi-
mère que les adeptes poursuivent et qu'ils
n'atteindront jamais. Il faut l'avouer, ce
désir est bien séduisant ! avoir le tems de
parcourir tout le globe, de connaître tous
les peuples, de voir tous les évènemens;
se rendre utile à toutes les générations,
humainement parlant, serait une destinée
bien digne d'envie; et il n'est point étonnant que des hommes aient perdu leur
tems, ruiné leur santé, et dissipé leur
fortune à la recherche d'un bien inesti-
mable aux yeux des amateurs de cette
vie passagère, mais qui ne peut se réa-
liser jusqu'à un certain point, que pour
celui qui aurait le don de la sagesse : Et
celui-là persuadé que ce qu'il possede,
n'est que l'image de la félicité dont il joui-
ra dans le monde des réalités, trouverait
son pélérinage bien long sur cette terre,
et soupirerait après le moment que tous les
hommes redoutent.

L'arithmétique qui m'occupe a sa racine

dans les rapports de l'homme avec son créateur, avec ses semblab'es et avec tout ce qui existe dans le monde qu'il habite.

Je ne considérerai pas le père et la mère du genre humain, ni les générations qui ont disparu ; mon ouvrage leur est étranger. J'observerai seulement que les combinaisons étaient moins nombreuses au commencement, qu'elles ne le sont à présent. Elles se sont multipliées à mesure qu'on a étendu le damier, et qu'on a varié la marche des pièces admises dans ce jeu le plus compliqué de tous les jeux.

Je ne suivrai pas non plus la progression qui a lieu dans les rapports de i'homme depuis sa naissance jusqu'à son tombeau. L'homme le plus attent'f aurait bien de la peine à marquer ses rapports immédiats : et combien en est il de médiats et d'éloignés qui lui sont inconnus !

A la mammelle, les rapports de l'enfant sont uniquement avec le teton qui l'allaite. Ses premiers regards , son premier sourire, ses premières caresses et ses premiers accens sont pour la nourrice qui lui prodigue ses soins. Elle a les prémices d'un cœur sans déguisement , et le lien qui unit ces deux êtres , est un amour vrai , mieux senti qu'on ne peut l'exprimer.

Le vieillard décrépit , soucieux et chagrin voit disparoître ses raports avec le monde qui l'abandonne ; chaque pas qu'il fait vers son dernier moment, le sépare et l'isole de ses semblables. Cependant s'il a des enfans et des petits enfans bien nés , ils viennent quelques fois par leurs caresses et leur gaiété , dérider son front chauve ou ombragé par des cheveux que les années ont blanchis : ce sont des fleurs clairement semées parmi les ronces et les épines bien multipliées à la fin de sa carrière.

L'enfance charme et intéresse ; on tremble au moindre danger qui la menace. C'est la crainte qu'inspirent les gelées du

printems : on voit la privation des fruits
dans la perte des fleurs. Mais on ne
sent pour la vieillesse, que pitié et dé-
goût. C'est un vieux arbre qui ne rapporte
plus rien, une ombre importune, un hiver
trop long dont on desire la fin. On se
promène délicieusement dans le jardin
qu'on a créé , on montre avec vanité la
maison dont on a fourni le plan et choisi
les ameublemens ; mais on détourne ses
yeux, d'une propriété qui tombe en ruine.
Vous avez bien des réparations à faire ,
dit on au petit fils ? Cela est vrai , mais
mon grand père ne veut pas en entendre
parler. Ce peu de mots décèle le cœur
humain : et le veillard qui se souvient d'a-
voir préféré les choses aux personnes n'est
point la dupe de la dissimulation de ses
héritiers ; il s'aigrit, et pas plus sage que ses
ancêtres, il contrarie ses neveux , comme
il le fut autrefois. Vieillards avares et in-
sensés , quand saurez vous vous dépouiller
à propos pour vous faire chérir jusqu'à la
fin ?

Et vous, enfans dénaturés, quand pourrez avoir toujours présent à la pensée le tems où vous serez comme votre vieux père que vous méprisez ?

Je viens de présenter les deux extrêmes, je vais faire une incursion dans l'intermédiaire.

Lorsque les seins de la nourice sont gonflés, donner à téter, est un besoin pour elle. Et l'enfant qui lie avec sa langue le bouton qu'il presse de ses lèvres, pour faire jaillir le lait, soulage sa mère et se nourrit. Ce double rapport fait le plaisir de celle qui donne et assure l'existence de celui qui reçoit, d'où nait une tendresse mutuelle qui fait le bonneur des deux. Il y a un troisième dont je n'ai pas encore parlé. Je ne le vois pas dans la maison. Il est aux champs à la tête de ses ouvriers, pour faire les travaux de la journée. Ce soir, à son retour, il trouvera son repas préparé ; sa tendre épouse lui présentera son cher nourrisson qui lui dira à sa manière : auteur de mes jours, vous partagez l'amour que je porte à ma mère. Moment délicieux où trois cœurs ne font qu'un, amour conjugal, vous êtes l'image visible de l'adorable unité.

Le lien indissoluble est le besoin d'aimer et le désir de l'être. Les prévenances de la mère et de l'enfant ont été précédées des bienfaits du chef et du protecteur. Ces prévenances sont le culte qu'ils lui rendent ; douce reconnoissance ! comptez sur de nouveaux bienfaits.

Voilà, si je ne me trompe pas, la racine de l'arithemtique religieuse, trouvée.

Mais qui a donné au chef et au protecteur visible de la famille, l'intelligence, la force et les moyens de pourvoir à ses besoins et aux besoins de ceux qui sont sous sa dépendance ? C'est celui qui existe pour soi, celui qui donne tout, parce qu'il possède tout. Son existence n'est pas douteuse : j'en appelle au sentiment intime de toutes les créatures ; et le culte dû à l'être suprême créateur de

toutes

toutes choses en est la conséquence nécessaire. Lui plaire est l'objet de ce culte ;
pour plaire, il faut aimer. L'amour est
un guide qui ne se trompe pas sur les circonstances qui demandent des regrets, des
priéres et des actions de grace. Donnons
lui notre confiance, et il nous conduira
au port du salut.

Si l'orgueil, principe de tout mal, n'eut
pas pris naissance, la haîne serait incon-
nue, tous les cœurs seraient restés fidèles
et purs. Le tems des horreurs, des crimes
et des forfaits, et le monde de putrefaction
et de mort, n'auraient jamais existé.

Ce tems est une séparation de l'éternité,
comme la circonférence où nous sommes,
est une séparation du séjour de la félicité.

C'est dans ce tems, c'est dans ce monde,
que l'homme doit rendre à l'éternel le culte qu'il lui doit, s'il vent être restitué à
l'immortalité et à l'éternité.

Amour divin, vous êtes venu nous mon-
trer visiblement la voie qui doit nous y

conduire : cette voie est tracée par la patience dans la pauvreté, les humiliations,
les injures , l'abandon de nos semblables
et la mort. La nature dégradée murmure
et recule d'effroi. Vous la laissez agir, et
vous ne voulez devoir son retour, qu'à
l'expérience qui doit la ramener à ses vé-
ritables intérêts. Des adorateurs qui pour-
raient encore douter que vous n'êtes pas
le souverain bien, ne seraient pas dignes
de vous.

Ho ! que cet amour inéfable est pré-
voyant. Exemples, conseils, préceptes et
prières, graces et ministres pour les dis-
tribuer, il nous a tout donné pour nous
aider à marcher sur ses traces et le suivre.

Prière sublime , vous nous montrez pré-
cisément l'état des choses , et vous nous
apprenez ce que nous devons souhaiter et
demander.

Le nombre de cette prière est 8.
1 notre père qui êtes aux cieux.
Nous ne sommes donc pas dans les cieux

2. que votre nom soit glorifié.

Il n'est donc pas glorifié par tout.

3. que votre règne arrive.

Il n'est donc pas venu.

4. que votre volonté soit faite en la terre comme aux cieux.

Il y a donc, sur la terre, une volonté opposée à sa volonté.

5 Donnés nous notre pain quotidien.

C'est donc de sa main libérale, que nous devons le recevoir et l'attendre.

6 pardonnez nous nos offenses comme nous pardonnons à ceux qui nous ont offensés.

Nous avons donc le malheur de l'offenser, et de nous offenser les uns les autres. Notre pardon dépend donc de pardonner à nos ennemis.

7 Ne nous laissez pas succomber à la tentation.

Nous avons donc besoin de son secours pour ne pas tomber.

8 Délivrez nous du mal.

Nous sommes donc au pouvoir du mal.

Il n'y a plus de doute sur la route que nous devons tenir. Prosternons nous, adorons et marchons avec courage et persévérance jusqu'à la fin.

J'ai dit que je ne ferais point de division, et j'ai tenu parole ; mais je suis conduit à traiter la religion, la morale et la politique dans des chapitres différens. Si je suis bien servi, ces chapitres seront des repos et non des divisions, car il me semble voir la morale sortir de la religion, et la politique naitre de la religion et de la morale.

DE L'ARITMÉTIQUE

RELIGIEUSE

J'existe et je ne me suis pas donné l'être. O mon créateur, je vous invoque et vous adore. Vos bienfaits préviennent mes besoins, soiez béni, recevez avec bonté l'hommage de mon cœur, de mon ame et de mon esprit. Purifiez moi et venez habiter le temple que vous avez fait. Esprits impurs, orgueil, avarice, concupiscence, haîne et colère, je vous abhore et vous déteste; éloignez vous de moi.

Culte intérieur et individuel, vous êtes de tous les lieux et de tous les momens.

Ma femme, mes enfans, mes serviteurs, mes amis, qui composez ma famille, réunissez vous à moi. Levons-nos mains ensemble vers celui qui nous fit et qui nous conserve, et présentons lui notre encens en commun.

Culte de famille, vous êtes de tous les jours, et vos heures sont au commencement et à la fin de la journée.

C'est aujourd'hui le jour consacré au Seigneur, allons à la paroisse mêler nos voix aux voix de nos voisins, et participer à l'unité du culte public.

Si ce culte était un, si l'heure de le rendre était la même dans tout l'empire, quel spectacle, quelle source abondante de bénédictions pour la nation! Etendons, l'unité de foi, de culte et de tems à tous les peuples et à toute la terre, et conservons, s'il est possible, l'effet d'une telle harmonie sur l'auteur de la nature.

Cet ensemble ferait crouler le mur de séparation, les chœurs des hommes se mêleraient aux chœurs célestes, et toutes les créatures puiseraient, dans la source du bien, la félicité que nous ne pouvons concevoir, qu'en supposant l'absence de tout mal.

Mais la diversité des opinions religieuses, en perpétuant la confusion et le désordre, tient tous les hommes dans le patiment qui leur fera désirer enfin le retour de l'ordre parfait, comme les accords de septième et les discordances qui fatiguent et tourmentent l'oreille, lui font souhaiter l'accord parfait.

Unité de foi, de culte, de lieux et de tems, vous existez pour les chrétiens. L'église catholique, apostolique et romaine en est la dépositaire : c'est donc dans son sein, que nous trouvons la nourriture qui convient à nos ames, et des guides fidèles pour nous conduire dans la voie qui mène au sanctuaire; c'est par cette bonne mère que nous pouvons aller à notre divin rédempteur, et par lui à son père.

On reproche au culte catholique sa pompe et sa magnificence; hé quoi ! les diamans, les perles fines, les métaux prétieux, les marbres et les bronzes, les chefs d'œuvres des beaux arts qui décorent nos temples, la cire la plus pure qui éclaire le sanctuaire, l'encens qui le parfume, le fin lin, la soie, les brillantes couleurs qui parent nos autels et habillent nos prêtres, enfin les instrumens de musique qui accompagnent nos chants religieux, seraient une idolâtrie ? Non, c'est l'hommage visible de la créature à son créateur.

Mais le diamant est brut dans la mine, les marbres le sont à la carrière, les métaux, avant la fusion, ne sont que de la poussière ; le fin lin, qu'un chétif végétal ; la soie, la production d'un insecte ; et la cire, l'ouvrage d'une mouche. Les chefs d'œuvres des beaux arts sont des pensées corporisées par la sculpture et la peinture.

Ces belles productions sont donc le talent confié au bon serviteur qui les a multipliées et embellies par son intelligence, son goût et son génie, pour les présenter à son maitre.

Que les sectateurs apostats se cachent dans des temples obscurs, ils sont à leur place ; les ténèbres sont l'élément de l'erreur.

Culte individuel, culte de famille, culte public, culte de ces ames chastes et fidèles qui se sont consacrées à leur dieu pour le servir dans la retraite, le célibat, le jeune et la priére, vous êtes les quatre règles de l'arithmétique religieuse : mais l'état parfait, c'est d'être toujours prêt à sçeller de son sang la doctrine évangélique; et mourir pour la vérité, c'est voler à l'immortalité.

L'arithmétique religieuse, morale et politique a dix nombres, c'est le décalogue.

Le premier de ces nombres est uniquement consacré à la religion.

Le second est la base de la morale, et les suivans en sont les conséquences nécessaires.

ARITHMÊTIQUE

MORALE.

La morale est fille de la religion ; et l'homme religieux sera nécessairement le meilleur roi, le meilleur berger, le plus brave soldat et le cœnobite le plus fervent.

Me connaître et savoir que les vices me ravalent autant que les vertus m'élèvent, est la morale relative à moi.

Les vices me ravalent, parce que je suis par eux nuisible à mes semblables, et les vertus m'élèvent, parce que je suis par elles, utile à mon prochain.

Il est donc vrai que je ne puis nuire ou servir les autres, sans me nuire ou me servir moi-même.

L'homme est tourmenté, quand il est

mal avec ceux qui l'entourent , et il est tranquille quand il est bien avec eux.

D'après cette vérité , il est clair que j'ai intérêt d'être bon, juste et fidèle envers tous, puisque mon bonheur en dépend.

Mais si les autres sont méchans, injustes et trompeurs envers moi, qu'en arrivera-t-il ? Que je souffrirai de leur voisinage ; c'est une nécessité inévitable, car je ne puis m'isoler au point de me rendre inaccessible à leur choc ; mais les regrets et les remords seront leur partage , et la paix intérieure , le mien.

Par l'amour et l'adoration , l'homme établit ses raports avec son créateur. C'est le globule d'eau qui retourne à la mer ; mais pour assurer ce retour, pour qu'il frappe et fasse sensation , les globules se forment en filets, en ruisseaux, en rivières et en fleuves.

L'amour du prochain unit les ames , comme la pente et le niveau unissent les globules d'eau : et par le culte public et les actions qui opèrent le bien général , les nations vont en masse à l'éternel, comme les fleuves à la mer.

Si la charité, cette étincelle du feu divin, enflamme le cœur de l'homme , ses rapports avec sa famille, avec ses voisins, avec la grande société à laquelle il tient, sont des guirlandes de fleurs et des cornes d'abondance de fruits délicieux. Mais la haîne, source des immoralités , rompt tous les liens et empoisonne la vie.

La mer , comme une bonne mère , va au devant des fleuves, et déjà ils sont dans son sein à l'entrée du bassin. Le père de famille vit de loin l'enfant prodigue, et il courut à lui pour le serrer dans ses bras. Mais que dirons nous des eaux dormantes qui croupissent dans les bas fonds et vicient la terre qui les porte ? Qu'elles sont en prison, et attendent que la pompe à feu les élève dans les airs , pour les rendre à la circulation. Après leur évaporation , le marais infect exhale la fièvre et les épidémies.

Cet état était celui des ames humaines, avant l'apparition du soleil d'amour qui est venu luire dans les ténébres et porter la vie dans la région de la mort. Cet être ineffable , par sa divine aspiration , nous attire à lui, non pour nous engloutir dans un cloaque de venin , comme le crapaud le fait du rossignol , mais pour nous absorber dans une mer de délices.

Les eaux stagnantes sont l'image des hommes qui croupissent dans les hopitaux , dans les prisons et dans les maisons de force ; et les torrens sont le pendant des brigands en troupes et en liberté.

Pères de famille , avant d'agir , considérez ceux avec qui vous êtes en rapport , et faites pour eux ce que vous voudriez qu'ils fissent pour vous.

Si vos enfants vous blessent , faites un retour salutaire vers votre vieux père ; et si vous l'avez encore , dédommagez le, dans sa vieillesse, des tourmens qne vous lui causates dans son âge mûr; fixez vos regards sur vos ingratitudes envers votre père qui est dans les cieux : vous désirerez qu'il soit clément, et vous le serez envers vos enfans.

Ne dites jamais, après moi le déluge, car si les fautes du moment ont des suites funestes, quelque part que vous alliez, les peines attachées à ces fautes vous atteindront.

Suspendez votre courroux, attendez le moment du repentir, vous le férez venir plutôt, ce repentir, si vous êtes doux et patiens; dissimulez, s'il le faut. Quoi, je conseille la dissimulation! Oui, parce que je la crois la haute vertu des pères et des rois, quand il s'agit de sauver le régicide à des sujets, rébelles et le parricide à des enfans dénaturés

La morale de l'homme à soi, à sa famille, à ses voisins et à la grande société dont il est membre, sont les quatre règles de l'arithmétique morale communes à tous les hommes.

Mais la morale des rois a plus d'étendue, par leur haute dignité et la sublimité de leurs fonctions; et les rapports qu'ils ont avec les peuples qu'ils gouvernent , forment l'arithmétique politique intérieure : et les rapports de roi à roi, et de nation à nation sont l'objet de l'arithmétique politique extérieure.

ARITHMÉTIQUE

POLITIQUE.

Disons que la religion et la morale des rois sont d'abord celles de ceux qui environnent le trône ; que les courtisans les portent et les propagent dans les cercles où ils vivent, et que bientôt la religion et la morale des rois deviennent celles de leurs sujets.

La religion et la morale des rois ont presque toujours décidé du sort des empires

Quand la piété et la saine morale sont sur le trône, la sagesse est dans les conseils ; l'habileté, la prudence, l'intrépidité et la discipline, dans les armées ; l'ordre, dans les finances ; la probité, dans l'administration, et les lumières et l'intégrité, dans les tribunaux. Les bonnes mœurs règnent

gnent, les peuples et les soldats, contens, n'ont pas la pensée de la révolte et de l'insurrection; l'état prospère.

Mais, si l'impiété et l'immoralité sont sur le trône, si la cour est dissolue; si les administrateurs, les magistrats et les officiers de l'armée sont corrompus; si le clergé est timide, relâché et amateur des pompes mondaines, le peuple et les soldats n'ayant sous les yeux que des exemples destructeurs, des mœurs, ils se gangrènent de vices, et l'état est perdu.

La politique des rois envers leurs sujets a pour but le bonheur de l'empire; et dans ce bonheur, celui qui gouverne, trouve le sien en faisant celui de ses enfans: pour l'opérer, ce bonheur, un sentiment suffit; mais il est indispensable, c'est l'amour des sujets dans le cœur du roi, et l'amour du roi dans le cœur de ses sujets. Conserver le vrai culte, conserver les mœurs, conserver les hommes et les propriétés sont les quatre règles de l'arithmétique politique intérieure. Et comme la politique extérieure ne peut et ne doit avoir d'autre but, que la religion, la morale, les hommes et les propriétés, les quatre règles de la politique intérieure sont communes à la politique extérieure.

Le développement en grand des principes que j'ai consignés dans ce petit écrit, demande des talens qui ne m'ont pas été donnés; c'est pourquoi je m'arrête au point où je suis arrivé. D'ailleurs, je crois que ce développement se ferait plus fructueusement dans un cours, que dans un ouvrage: la démonstration vocale a bien plus de force, pour conduire de la théorie à la pratique, que la voix muette de l'impression.

l'Europe, le plus petit des quatre continens connus, étend ses influences à tout le globe par ses vaissaux de guerre, sa tactique et sa poudre à canon, et possède tout le commerce par ses vaissaux marchands.

Au mois de mai 1792, elle s'est ébranlée.

Toutes les puissances excepté la Pologne qui est occupée chez elle, le Dannemark, pour je ne sais quelle cause, et l'Angleterre qui s'enrichit de l'appauvrissement de la France, font avancer contre ce royaume leurs armées, pour détruire l'anarchie qui la désole, et y rétablir l'ordre et la paix, comme les bons voisins courent en foule dans la maison où l'homme et la femme, les enfans et les domestiques, hors des gonds, veulent s'entre-tuer. Cette réunion de toutes les puissances contre des factieux sera mise par la postérité au dessus de toutes les ligues consignées dans l'histoire, par l'importance de l'objet qui l'a déterminée, le repos de tous les peuples.

www.ingramcontent.com/pod-product-compliance
Ingram Content Group UK Ltd.
Pitfield, Milton Keynes, MK11 3LW, UK
UKHW020407180726
13839UKWH00003B/1267